VIRGINIE FRATELLI

JOURNAL DE
Gratitude

**CULTIVEZ VOTRE BONHEUR EN
5 MINUTES PAR JOUR**

© 2023, Virginie FRATELLI

Tous droits de reproduction, d'adaptation et de traduction, intégrale ou partielle réservés pour tous pays. Le Code de la propriété intellectuelle interdit les copies ou reproductions destinées à une utilisation collective. Toute représentation ou reproduction intégrale ou partielle faite par quelque procédé que ce soit, sans le consentement de l'auteur ou de ses ayant droit ou ayant cause, est illicite et constitue une contrefaçon, aux termes des articles L.335-2 et suivants du Code de la propriété intellectuelle. Toute infraction à ces droits constitue une contrefaçon passible de sanctions civiles et pénales.

Édition : BoD · Books on Demand, 31 avenue Saint-Rémy, 57600 Forbach, bod@bod.fr
Impression : Libri Plureos GmbH, Friedensallee 273, 22763 Hamburg (Allemagne)
ISBN : 978-2-3224-8859-9
Dépôt légal : Août 2023

Chère lectrice, cher lecteur,

Bienvenue dans ce journal de gratitude, un espace dédié à l'art de célébrer les merveilles simples de la vie et à explorer la puissance transformative de la reconnaissance. Vous tenez entre vos mains un outil qui vous guidera vers une quête intérieure emplie de positivité et d'épanouissement.

La gratitude est bien plus qu'une simple émotion passagère, c'est une perspective, un état d'esprit qui peut illuminer chaque instant de notre existence. En prenant conscience de la richesse de notre quotidien, en exprimant notre reconnaissance envers les petites choses comme les plus grandes, nous révélons une énergie bienfaisante qui enveloppe notre cœur et qui rayonne autour de nous.

Ce journal est conçu pour vous accompagner dans cette aventure extraordinaire. À travers ses pages, vous découvrirez une multitude d'exercices inspirants, de citations et de mantras qui éveilleront votre conscience aux innombrables raisons de dire "merci". Chaque jour, vous serez invité(e) à plonger dans votre propre monde intérieur, à honorer les instants précieux, les relations chères, les accomplissements personnels, et à reconnaître les leçons apprises dans les moments plus difficiles.

La gratitude est une pratique douce et bienveillante qui éveille notre âme à l'abondance qui nous entoure. En gardant ce journal à vos côtés, vous commencerez à percevoir le monde avec de nouveaux yeux, des yeux empreints d'amour et d'appréciation. Vous vous surprendrez à être émerveillé(e) par les petits miracles qui se déploient autour de vous, à trouver du réconfort dans les défis que vous surmontez et à ressentir une connexion plus profonde avec vous-même et les autres.

Souvenez-vous que ce journal est un espace sûr, dénué de jugement, où vous pouvez être vous-même et exprimer vos pensées les plus sincères. Prenez le temps de vous imprégner de chaque instant, de savourer chaque mot que vous écrirez ici, car c'est dans ces pages que votre histoire de gratitude prendra vie et se tissera au fil des jours.

Alors, je vous invite à ouvrir votre cœur, à laisser votre plume voguer sur ces pages et à embarquer pour un voyage intérieur empli de reconnaissance et d'émerveillement. C'est le début d'une aventure extraordinaire, où chaque mot que vous inscrirez illuminera un peu plus votre chemin vers la joie et l'épanouissement.

Que ce journal de gratitude soit le compagnon fidèle de vos plus belles découvertes et qu'il vous guide vers une vie riche de sens et de bonheur.

Voici quelques exemples de listes de gratitude pour vous inspirer à commencer votre propre pratique de gratitude dans votre journal.

Ces exemples de listes de gratitude vous aideront à vous lancer dans votre pratique quotidienne de gratitude. Prenez le temps de noter régulièrement dans votre journal les choses pour lesquelles vous êtes reconnaissant(e). Vous verrez que cette pratique simple peut apporter une profonde transformation dans votre vie en nourrissant votre cœur de positivité et de joie.

Liste de gratitude quotidienne :
- Le sourire chaleureux que j'ai reçu ce matin.
- Le délicieux petit-déjeuner qui a éveillé mes papilles.
- Le doux chant des oiseaux au réveil.
- L'appel encourageant d'un ami.
- Le moment de calme pendant ma méditation matinale.
- Le soleil radieux qui illumine ma journée.
- Les mots de gratitude échangés en famille.
- L'opportunité d'apprendre quelque chose de nouveau.
- Le moment de rire partagé avec un collègue.

Liste de gratitude pour les petites choses de la vie :
- Le parfum des fleurs dans un jardin.
- Le confort d'un lit douillet après une longue journée.
- Le goût délicieux d'une tasse de thé ou de café chaud.
- La sensation apaisante de marcher pieds nus dans l'herbe.
- Le son de la pluie qui frappe doucement les fenêtres.
- Le doux ronronnement d'un chat câlin.
- Le moment de solitude pour lire un livre inspirant.
- Le plaisir de créer quelque chose de nouveau.

Liste de gratitude pour les relations et l'amour :
- La présence aimante de ma famille dans ma vie.
- Les étreintes chaleureuses qui réconfortent.
- Les moments de partage sincère avec un ami proche.
- L'amour inconditionnel de mes animaux de compagnie.
- Les mots d'encouragement et de soutien de mon partenaire.
- Les rires partagés avec mes frères et sœurs.
- Les souvenirs précieux créés avec des êtres chers.
- La bienveillance et la compréhension de mes amis.

Liste de gratitude pour la croissance personnelle :
- Les défis qui m'ont aidé(e) à grandir et à m'épanouir.
- Les enseignements précieux tirés des moments difficiles.
- La force intérieure qui m'a permis de surmonter les obstacles.
- Les moments de prise de conscience et d'auto-réflexion.
- Les opportunités de développement personnel qui se présentent.
- Les nouvelles compétences que j'ai acquises.
- Les personnes inspirantes qui m'ont encouragé(e) à être la meilleure version de moi-même.
- Les moments de gratitude envers moi-même pour mes réalisations.

Liste de gratitude pour la nature et l'environnement :
- La beauté majestueuse d'un coucher de soleil.
- La douce brise qui caresse mon visage.
- Les couleurs éclatantes des fleurs au printemps.
- Le chant des oiseaux qui égaie ma journée.
- L'air pur que je respire dans la nature.
- La possibilité d'explorer et d'admirer la diversité de notre planète.

Voici quelques exemples d'affirmations positives pour vous aider à cultiver un état d'esprit positif et renforcer votre confiance en vous :

"Je suis digne de bonheur et de succès dans tous les domaines de ma vie."

"Chaque jour, je grandis en sagesse et en force, et je fais face aux défis avec courage."

"Je choisis d'être présent(e) dans l'instant présent et d'accueillir chaque nouvelle opportunité avec enthousiasme."

"Mon potentiel est illimité, et je peux atteindre tous les objectifs que je me fixe."

"Je suis entouré(e) d'amour et de soutien, et je me sens aimé(e) et apprécié(e)."

"Je suis en contrôle de mes pensées et de mes émotions, et je choisis de les orienter vers le positif."

"Chaque défi est une chance pour moi d'apprendre et de grandir en force et en résilience."

"Je suis rempli(e) de gratitude pour toutes les bénédictions et les opportunités qui se présentent dans ma vie."

"Je mérite d'être heureux(se) et de vivre une vie épanouissante, remplie de joie et d'accomplissements."

"Je suis capable de surmonter les obstacles et de transformer les difficultés en opportunités de croissance."

"Chaque jour, je fais de mon mieux et cela suffit. Je suis fier(ère) de mes efforts et de mes progrès."

"Je suis un(e) créateur(trice) de ma propre réalité, et je choisis de créer une vie positive et épanouissante."

"J'ai confiance en mes capacités et en ma capacité à surmonter les défis qui se présentent à moi."

"Je suis aimé(e) et apprécié(e) pour qui je suis, et je suis digne de recevoir l'amour et le respect des autres."

"Je gagne en confiance en moi."

"J'avance vers mes objectifs."

"Je deviens plus heureux(se)."

"J'ai beaucoup de chance."

Prenez le temps chaque jour de réciter des affirmations avec conviction et intention. Vous pouvez les adapter pour les rendre personnelles et en phase avec vos propres objectifs et aspirations. Les affirmations positives sont un moyen puissant de renforcer votre confiance en vous et de créer un état d'esprit positif qui vous aidera à surmonter les défis et à atteindre vos objectifs. Avec de la pratique, vous verrez comment ces affirmations peuvent transformer votre perception de vous-même et de la vie qui vous entoure.

Un journal de gratitude permet donc d'améliorer son quotidien. On s'impose ainsi un rendez-vous avec soi afin de pouvoir se concentrer sur ce que l'on a, d'être bienveillant envers soi et envers les autres, mais surtout de se rendre compte des choses qui nous procurent du plaisir.

Une nouvelle routine qui permet ainsi de bien commencer la journée puis d'en faire un bilan le soir.

Pratiquer la gratitude est une excellente méthode pour diminuer le stress et l'anxiété, développer des pensées positives et augmenter sa satisfaction de vie et son sentiment de bien-être.

Idéal pour booster le moral, mieux se connaître, et reprendre confiance en soi.

Ce journal est donc votre nouvel allié pour cultiver votre bonheur en seulement 5 minutes par jour!

Prenez soin de vous, prenez du temps pour vous,... Aimez vous d'abord et tout le reste s'alignera!

Très pratique et très simple d'utilisation :
vous disposez chaque jour d'une page à remplir pour exprimer votre gratitude matin et soir.

 → Indique la partie à remplir le matin.

 → Indique la partie à remplir le soir.

Tout au long des 90 jours vous découvrirez :

★ Des défis pour améliorer la confiance en soi,
★ Des citations sur le bonheur,
★ Des Mantras positifs à se répéter devant le miroir,
★ 3 coloriages relaxants de mandalas,
★ 3 pages d'expression libre.

Et à la fin de ce journal :

★ 2 exercices de gratitude .... p 116 et p 120
★ Des pages pour écrire votre bilan.................... p 124
★ Un outil complémentaire .... p 129
★ Une surprise .... p 130

Questionnaire à remplir avant de débuter le journal :

Sur une échelle de 1 à 10

Je suis heureux(se). ○○○○○○○○○○

Je suis chanceux(se). ○○○○○○○○○○

J'aime mon reflet dans le miroir. ○○○○○○○○○○

Je suis détendu(e). ○○○○○○○○○○

Je suis fier(ère) de
la personne que je suis. ○○○○○○○○○○

J'ai confiance en moi. ○○○○○○○○○○

Je m'aime comme je suis. ○○○○○○○○○○

Je prends du temps pour moi. ○○○○○○○○○○

Je me donne les moyens
pour atteindre mes objectifs. ○○○○○○○○○○

Je suis satisfait(e) de ma vie. ○○○○○○○○○○

Moyenne générale : ..... / 10

Si votre moyenne est entre 7 et 10 : BRAVO vous êtes déjà sur la voie du bonheur!

Si votre moyenne est inférieure à 7 : Ce journal vous sera d'une grande aide pour prendre soin de vous et ne plus voir le verre à moitié vide.

*Afin de constater votre évolution,
questionnaire à remplir à la fin des 90 jours :*

Sur une échelle de 1 à 10

Je suis heureux(se). ○○○○○○○○○○

Je suis chanceux(se). ○○○○○○○○○○

J'aime mon reflet dans le miroir. ○○○○○○○○○○

Je suis détendu(e). ○○○○○○○○○○

Je suis fier(ère) de
la personne que je suis. ○○○○○○○○○○

J'ai confiance en moi. ○○○○○○○○○○

Je m'aime comme je suis. ○○○○○○○○○○

Je prends du temps pour moi. ○○○○○○○○○○

Je me donne les moyens
pour atteindre mes objectifs. ○○○○○○○○○○

Je suis satisfait(e) de ma vie. ○○○○○○○○○○

Nouvelle moyenne générale : ..... / 10

BRAVO !!

Belle progression !

Un immense merci

Je tenais à prendre un moment pour vous remercier de m' avoir fait confiance en choisissant mon journal de gratitude. Votre soutien est précieux et j' espère que ce journal vous apportera autant de joie et de bonheur qu' il m' en a apporté en le concevant.

Si ce livre vous plaît et que vous appréciez l'expérience, je serais infiniment reconnaissante si vous preniez quelques instants pour partager votre avis en scannant ce QR code :

Même quelques mots ont une grande valeur : vos retours m'encouragent et me donnent l'élan de continuer à créer.

Je prends le temps de lire chaque message avec beaucoup d'attention car ils sont pour moi une source inestimable de gratitude et de motivation.

Merci de faire partie de cette belle aventure et de m'avoir fait confiance.

Virginie Fratelli

Une surprise vous attend à la fin de ce journal !

Date : ....

Je suis reconnaissant(e) pour :
★ ....
★ ....
★ ....

Mon affirmation positive :
....

Ce qui fera d'aujourd'hui une belle journée :
....

> **Mantra du jour :**
> Chaque jour est un nouveau commencement.

Mon humeur générale :
☆ ☆ ☆ ☆ ☆ ☆ ☆ ☆ ☆ ☆

Ce qui m'a donné le sourire aujourd'hui :
★ ....
★ ....
★ ....

J'ai hâte d'être à demain pour :
....

Date : ....

Je suis reconnaissant(e) pour :

★ ....
★ ....
★ ....

Mon affirmation positive :

....

Ce qui fera d'aujourd'hui une belle journée :

....

> **Défi du jour :**
> **Sourire à 3 inconnu(e)s.**

Mon humeur générale :
☆ ☆ ☆ ☆ ☆ ☆ ☆ ☆ ☆ ☆

Ce qui m'a donné le sourire aujourd'hui :

★ ....
★ ....
★ ....

J'ai hâte d'être à demain pour :

....

Date : ....

Je suis reconnaissant(e) pour :

★ ....
★ ....
★ ....

Mon affirmation positive :
....

Ce qui fera d'aujourd'hui une belle journée :
....

> Citation du jour :
> La gratitude peut transformer votre routine en jours de fête. William Arthur Ward

Mon humeur générale :
☆ ☆ ☆ ☆ ☆ ☆ ☆ ☆ ☆ ☆

Ce qui m'a donné le sourire aujourd'hui :

★ ....
★ ....
★ ....

J'ai hâte d'être à demain pour :
....

Date : ....

Je suis reconnaissant(e) pour :

★ ....

★ ....

★ ....

Mon affirmation positive :

....

Ce qui fera d'aujourd'hui une belle journée :

....

> **Mantra du jour :**
> **Le rire allège ma charge.**

Mon humeur générale :
☆ ☆ ☆ ☆ ☆ ☆ ☆ ☆ ☆ ☆

Ce qui m'a donné le sourire aujourd'hui :

★ ....

★ ....

★ ....

J'ai hâte d'être à demain pour :

....

Date : ....

Je suis reconnaissant(e) pour :

★ ....
★ ....
★ ....

Mon affirmation positive :
....

Ce qui fera d'aujourd'hui une belle journée :
....

> **Mantra du jour :**
> **Tout va bien, ici et maintenant.**

Mon humeur générale :
☆ ☆ ☆ ☆ ☆ ☆ ☆ ☆ ☆ ☆

Ce qui m'a donné le sourire aujourd'hui :

★ ....
★ ....
★ ....

J'ai hâte d'être à demain pour :
....

Date : ....

Je suis reconnaissant(e) pour :

★ ....
★ ....
★ ....

Mon affirmation positive :
....

Ce qui fera d'aujourd'hui une belle journée :
....

> **Mantra du jour :**
> **J'en suis capable.**

Mon humeur générale :
☆☆☆☆☆☆☆☆☆☆

Ce qui m'a donné le sourire aujourd'hui :

★ ....
★ ....
★ ....

J'ai hâte d'être à demain pour :
....

Date : ....

Je suis reconnaissant(e) pour :

★ ....
★ ....
★ ....

Mon affirmation positive :
....

Ce qui fera d'aujourd'hui une belle journée :
....

> Citation du jour :
> Rêve ta vie en couleur, c'est le secret du bonheur. Walt Disney

Mon humeur générale :
☆ ☆ ☆ ☆ ☆ ☆ ☆ ☆ ☆ ☆

Ce qui m'a donné le sourire aujourd'hui :

★ ....
★ ....
★ ....

J'ai hâte d'être à demain pour :
....

Date : ....

Je suis reconnaissant(e) pour :

★ ....
★ ....
★ ....

Mon affirmation positive :

....

Ce qui fera d'aujourd'hui une belle journée :

....

> **Défi du jour :**
> Se sourire devant le miroir plusieurs fois dans la journée.

Mon humeur générale :
☆☆☆☆☆☆☆☆☆☆

Ce qui m'a donné le sourire aujourd'hui :

★ ....
★ ....
★ ....

J'ai hâte d'être à demain pour :

....

Date : ....

Je suis reconnaissant(e) pour :

★ ....
★ ....
★ ....

Mon affirmation positive :
....

Ce qui fera d'aujourd'hui une belle journée :
....

> **Mantra du jour :**
> **Je choisis d'être calme et en paix.**

Mon humeur générale :
☆ ☆ ☆ ☆ ☆ ☆ ☆ ☆ ☆ ☆

Ce qui m'a donné le sourire aujourd'hui :

★ ....
★ ....
★ ....

J'ai hâte d'être à demain pour :
....

Date : ....

Je suis reconnaissant(e) pour :

★ ....
★ ....
★ ....

Mon affirmation positive :

....

Ce qui fera d'aujourd'hui une belle journée :

....

> Citation du jour :
> Chacun porte son bonheur en soi.
> Witold Gombrowicz

Mon humeur générale :
☆ ☆ ☆ ☆ ☆ ☆ ☆ ☆ ☆ ☆

Ce qui m'a donné le sourire aujourd'hui :

★ ....
★ ....
★ ....

J'ai hâte d'être à demain pour :

....

Date : ....

Je suis reconnaissant(e) pour :

★ ....
★ ....
★ ....

Mon affirmation positive :
....

Ce qui fera d'aujourd'hui une belle journée :
....

> **Mantra du jour :**
> **Ma vie est belle.**

Mon humeur générale :
☆ ☆ ☆ ☆ ☆ ☆ ☆ ☆ ☆ ☆

Ce qui m'a donné le sourire aujourd'hui :

★ ....
★ ....
★ ....

J'ai hâte d'être à demain pour :
....

Date : ....

Je suis reconnaissant(e) pour :

★ ....
★ ....
★ ....

Mon affirmation positive :

....

Ce qui fera d'aujourd'hui une belle journée :

....

> Mantra du jour :
> J'ai la chance d'avoir une famille incroyable
> et des amis merveilleux.

Mon humeur générale :
☆☆☆☆☆☆☆☆☆☆

Ce qui m'a donné le sourire aujourd'hui :

★ ....
★ ....
★ ....

J'ai hâte d'être à demain pour :

....

Date : ....

Je suis reconnaissant(e) pour :

★ ....
★ ....
★ ....

Mon affirmation positive :
....

Ce qui fera d'aujourd'hui une belle journée :
....

> **Défi du jour :**
> Danser sur sa musique préférée.

Mon humeur générale :
☆☆☆☆☆☆☆☆☆☆

Ce qui m'a donné le sourire aujourd'hui :

★ ....
★ ....
★ ....

J'ai hâte d'être à demain pour :
....

Date : ....

Je suis reconnaissant(e) pour :

★ ....
★ ....
★ ....

Mon affirmation positive :

....

Ce qui fera d'aujourd'hui une belle journée :

....

> Mantra du jour :
> J'abandonne tout ce qui n'est pas pour mon plus grand bien.

Mon humeur générale :
☆☆☆☆☆☆☆☆☆☆

Ce qui m'a donné le sourire aujourd'hui :

★ ....
★ ....
★ ....

J'ai hâte d'être à demain pour :

....

Date : ....

Je suis reconnaissant(e) pour :

★ ....
★ ....
★ ....

Mon affirmation positive :

....

Ce qui fera d'aujourd'hui une belle journée :

....

> **Mantra du jour :**
> *Je crois en mes compétences et mes capacités.*

Mon humeur générale :
☆ ☆ ☆ ☆ ☆ ☆ ☆ ☆ ☆ ☆

Ce qui m'a donné le sourire aujourd'hui :

★ ....
★ ....
★ ....

J'ai hâte d'être à demain pour :

....

Date : ....

Je suis reconnaissant(e) pour :

★ ....
★ ....
★ ....

Mon affirmation positive :

....

Ce qui fera d'aujourd'hui une belle journée :

....

> **Défi du jour :**
> Faire quelque chose de nouveau. (ex: maquillage, tenue, aller dans un nouvel endroit,...)

Mon humeur générale :
☆ ☆ ☆ ☆ ☆ ☆ ☆ ☆ ☆ ☆

Ce qui m'a donné le sourire aujourd'hui :

★ ....
★ ....
★ ....

J'ai hâte d'être à demain pour :

....

Date : ....

Je suis reconnaissant(e) pour :

★ ....
★ ....
★ ....

Mon affirmation positive :
....

Ce qui fera d'aujourd'hui une belle journée :
....

> Mantra du jour :
> J'ai tout ce dont j'ai besoin.

Mon humeur générale :
☆ ☆ ☆ ☆ ☆ ☆ ☆ ☆ ☆ ☆

Ce qui m'a donné le sourire aujourd'hui :

★ ....
★ ....
★ ....

J'ai hâte d'être à demain pour :
....

Date : ....

Je suis reconnaissant(e) pour :

★ ....
★ ....
★ ....

Mon affirmation positive :

....

Ce qui fera d'aujourd'hui une belle journée :

....

> Citation du jour :
> La vie heureuse est celle qui est en accord avec sa propre nature. Sénèque

Mon humeur générale :
☆☆☆☆☆☆☆☆☆☆

Ce qui m'a donné le sourire aujourd'hui :

★ ....
★ ....
★ ....

J'ai hâte d'être à demain pour :

....

Date : ....

Je suis reconnaissant(e) pour :

★ ....
★ ....
★ ....

Mon affirmation positive :
....

Ce qui fera d'aujourd'hui une belle journée :
....

> Mantra du jour :
> Je choisis d'être heureux(se).

Mon humeur générale :
☆ ☆ ☆ ☆ ☆ ☆ ☆ ☆ ☆ ☆

Ce qui m'a donné le sourire aujourd'hui :

★ ....
★ ....
★ ....

J'ai hâte d'être à demain pour :
....

Date : ....

Je suis reconnaissant(e) pour :

★ ....
★ ....
★ ....

Mon affirmation positive :

....

Ce qui fera d'aujourd'hui une belle journée :

....

> Citation du jour :
> Chaque homme doit inventer son chemin.
> Jean-Paul Sartre

Mon humeur générale :
☆ ☆ ☆ ☆ ☆ ☆ ☆ ☆ ☆ ☆

Ce qui m'a donné le sourire aujourd'hui :

★ ....
★ ....
★ ....

J'ai hâte d'être à demain pour :

....

Date : ....

Je suis reconnaissant(e) pour :

★ ....
★ ....
★ ....

Mon affirmation positive :
....

Ce qui fera d'aujourd'hui une belle journée :
....

> **Mantra du jour :**
> **Je suis reconnaissant(e).**

Mon humeur générale :
☆ ☆ ☆ ☆ ☆ ☆ ☆ ☆ ☆ ☆

Ce qui m'a donné le sourire aujourd'hui :

★ ....
★ ....
★ ....

J'ai hâte d'être à demain pour :
....

Date : ....

Je suis reconnaissant(e) pour :

★ ....
★ ....
★ ....

Mon affirmation positive :

....

Ce qui fera d'aujourd'hui une belle journée :

....

> **Mantra du jour :**
> Tout ce dont j'ai besoin vient à moi quand j'en ai besoin.

Mon humeur générale :
☆ ☆ ☆ ☆ ☆ ☆ ☆ ☆ ☆ ☆

Ce qui m'a donné le sourire aujourd'hui :

★ ....
★ ....
★ ....

J'ai hâte d'être à demain pour :

....

Date : ....

Je suis reconnaissant(e) pour :

★ ....
★ ....
★ ....

Mon affirmation positive :
....

Ce qui fera d'aujourd'hui une belle journée :
....

> Mantra du jour :
> Je suis digne des bonnes choses.

Mon humeur générale :
☆ ☆ ☆ ☆ ☆ ☆ ☆ ☆ ☆ ☆

Ce qui m'a donné le sourire aujourd'hui :

★ ....
★ ....
★ ....

J'ai hâte d'être à demain pour :
....

Date : ....

Je suis reconnaissant(e) pour :

★ ....
★ ....
★ ....

Mon affirmation positive :

....

Ce qui fera d'aujourd'hui une belle journée :

....

> **Défi du jour :**
> Discuter avec un(e) inconnu(e).

Mon humeur générale :
☆ ☆ ☆ ☆ ☆ ☆ ☆ ☆ ☆ ☆

Ce qui m'a donné le sourire aujourd'hui :

★ ....
★ ....
★ ....

J'ai hâte d'être à demain pour :

....

Expression libre

Date : ....

Je suis reconnaissant(e) pour :

★ ....
★ ....
★ ....

Mon affirmation positive :

....

Ce qui fera d'aujourd'hui une belle journée :

....

> **Mantra du jour :**
> Je suis reconnaissant(e) pour tout ce que la vie m'a donné.

Mon humeur générale :
☆ ☆ ☆ ☆ ☆ ☆ ☆ ☆ ☆ ☆

Ce qui m'a donné le sourire aujourd'hui :

★ ....
★ ....
★ ....

J'ai hâte d'être à demain pour :

....

Date : ....

Je suis reconnaissant(e) pour :
★ ....
★ ....
★ ....

Mon affirmation positive :
....

Ce qui fera d'aujourd'hui une belle journée :
....

Citation du jour :
Avoir des amis, c'est être riche. Plaute

Mon humeur générale :
☆ ☆ ☆ ☆ ☆ ☆ ☆ ☆ ☆ ☆

Ce qui m'a donné le sourire aujourd'hui :
★ ....
★ ....
★ ....

J'ai hâte d'être à demain pour :
....

Date : ....

Je suis reconnaissant(e) pour :

★ ....
★ ....
★ ....

Mon affirmation positive :

....

Ce qui fera d'aujourd'hui une belle journée :

....

> Mantra du jour :
> Je suis la personne que je veux être. Mon avenir est entre mes mains.

Mon humeur générale :
☆ ☆ ☆ ☆ ☆ ☆ ☆ ☆ ☆ ☆

Ce qui m'a donné le sourire aujourd'hui :

★ ....
★ ....
★ ....

J'ai hâte d'être à demain pour :

....

Date : ....

Je suis reconnaissant(e) pour :

★ ....
★ ....
★ ....

Mon affirmation positive :
....

Ce qui fera d'aujourd'hui une belle journée :
....

> Mantra du jour :
> Choisissez la gentillesse. Vous n'avez aucune idée des choses que les autres traversent.

Mon humeur générale :
☆ ☆ ☆ ☆ ☆ ☆ ☆ ☆ ☆ ☆

Ce qui m'a donné le sourire aujourd'hui :

★ ....
★ ....
★ ....

J'ai hâte d'être à demain pour :
....

Date : ....

Je suis reconnaissant(e) pour :

★ ....
★ ....
★ ....

Mon affirmation positive :
....

Ce qui fera d'aujourd'hui une belle journée :
....

> Citation du jour :
> Le bonheur, c'est la somme de tous les malheurs qu'on n'a pas. Marcel Achard

Mon humeur générale :
☆ ☆ ☆ ☆ ☆ ☆ ☆ ☆ ☆ ☆

Ce qui m'a donné le sourire aujourd'hui :

★ ....
★ ....
★ ....

J'ai hâte d'être à demain pour :
....

Date : ....

Je suis reconnaissant(e) pour :

★ ....
★ ....
★ ....

Mon affirmation positive :
....

Ce qui fera d'aujourd'hui une belle journée :
....

> **Défi du jour :**
> Faire un compliment à quelqu'un.

Mon humeur générale :
☆ ☆ ☆ ☆ ☆ ☆ ☆ ☆ ☆ ☆

Ce qui m'a donné le sourire aujourd'hui :

★ ....
★ ....
★ ....

J'ai hâte d'être à demain pour :
....

Date : ....

Je suis reconnaissant(e) pour :

★ ....
★ ....
★ ....

Mon affirmation positive :

....

Ce qui fera d'aujourd'hui une belle journée :

....

> Mantra du jour :
> Je ne prendrai pas pour acquis les gens qui m'aiment.

Mon humeur générale :
☆☆☆☆☆☆☆☆☆☆

Ce qui m'a donné le sourire aujourd'hui :

★ ....
★ ....
★ ....

J'ai hâte d'être à demain pour :

....

Date : ....

Je suis reconnaissant(e) pour :

★ ....
★ ....
★ ....

Mon affirmation positive :
....

Ce qui fera d'aujourd'hui une belle journée :
....

> **Mantra du jour :**
> **Revenez sur le passé. Émerveillez-vous du chemin parcouru.**

Mon humeur générale :
☆ ☆ ☆ ☆ ☆ ☆ ☆ ☆ ☆ ☆

Ce qui m'a donné le sourire aujourd'hui :

★ ....
★ ....
★ ....

J'ai hâte d'être à demain pour :
....

Date : ....

Je suis reconnaissant(e) pour :

★ ....
★ ....
★ ....

Mon affirmation positive :

....

Ce qui fera d'aujourd'hui une belle journée :

....

> Mantra du jour :
> Je n'ai besoin de l'approbation de personne que de la mienne.

Mon humeur générale :
☆ ☆ ☆ ☆ ☆ ☆ ☆ ☆ ☆ ☆

Ce qui m'a donné le sourire aujourd'hui :

★ ....
★ ....
★ ....

J'ai hâte d'être à demain pour :

....

Date : ....

Je suis reconnaissant(e) pour :

★ ....
★ ....
★ ....

Mon affirmation positive :

....

Ce qui fera d'aujourd'hui une belle journée :

....

> **Défi du jour :**
> Faire des étirements.

Mon humeur générale :
☆ ☆ ☆ ☆ ☆ ☆ ☆ ☆ ☆ ☆

Ce qui m'a donné le sourire aujourd'hui :

★ ....
★ ....
★ ....

J'ai hâte d'être à demain pour :

....

Date : ....

Je suis reconnaissant(e) pour :

★ ....
★ ....
★ ....

Mon affirmation positive :
....

Ce qui fera d'aujourd'hui une belle journée :
....

> Mantra du jour :
> Je lâche prise et je prends soin de moi.

Mon humeur générale :
☆☆☆☆☆☆☆☆☆☆

Ce qui m'a donné le sourire aujourd'hui :

★ ....
★ ....
★ ....

J'ai hâte d'être à demain pour :
....

Date : ....

Je suis reconnaissant(e) pour :

★ ....
★ ....
★ ....

Mon affirmation positive :

....

Ce qui fera d'aujourd'hui une belle journée :

....

> **Défi du jour :**
> Se redresser, comme si un fil reliait le sommet de ton crâne et le ciel.

Mon humeur générale :
☆ ☆ ☆ ☆ ☆ ☆ ☆ ☆ ☆ ☆

Ce qui m'a donné le sourire aujourd'hui :

★ ....
★ ....
★ ....

J'ai hâte d'être à demain pour :

....

Date : ....

Je suis reconnaissant(e) pour :

★ ....
★ ....
★ ....

Mon affirmation positive :

....

Ce qui fera d'aujourd'hui une belle journée :

....

> **Défi du jour :**
> Ecrivez sur la page de droite: 3 succès de votre vie et 3 nouveaux objectifs.

Mon humeur générale :
☆☆☆☆☆☆☆☆☆☆

Ce qui m'a donné le sourire aujourd'hui :

★ ....
★ ....
★ ....

J'ai hâte d'être à demain pour :

....

Expression libre

Date : ....

Je suis reconnaissant(e) pour :

★ ....
★ ....
★ ....

Mon affirmation positive :

....

Ce qui fera d'aujourd'hui une belle journée :

....

> Citation du jour :
> L'activité est indispensable au bonheur.
> Schopenhauer

Mon humeur générale :
☆ ☆ ☆ ☆ ☆ ☆ ☆ ☆ ☆ ☆

Ce qui m'a donné le sourire aujourd'hui :

★ ....
★ ....
★ ....

J'ai hâte d'être à demain pour :

....

Date : ....

Je suis reconnaissant(e) pour :

★ ....
★ ....
★ ....

Mon affirmation positive :
....

Ce qui fera d'aujourd'hui une belle journée :
....

> **Mantra du jour :**
> **Je suis fier(ère) de moi.**

Mon humeur générale :
☆ ☆ ☆ ☆ ☆ ☆ ☆ ☆ ☆ ☆

Ce qui m'a donné le sourire aujourd'hui :

★ ....
★ ....
★ ....

J'ai hâte d'être à demain pour :
....

Date : ....

Je suis reconnaissant(e) pour :

★ ....
★ ....
★ ....

Mon affirmation positive :

....

Ce qui fera d'aujourd'hui une belle journée :

....

> Mantra du jour :
> Le bonheur est un choix, pas une condition. Je choisis d'être heureux(se).

Mon humeur générale :
☆ ☆ ☆ ☆ ☆ ☆ ☆ ☆ ☆ ☆

Ce qui m'a donné le sourire aujourd'hui :

★ ....
★ ....
★ ....

J'ai hâte d'être à demain pour :

....

Date : ....

Je suis reconnaissant(e) pour :

★ ....
★ ....
★ ....

Mon affirmation positive :

....

Ce qui fera d'aujourd'hui une belle journée :

....

> Mantra du jour :
> Je ne me juge pas moi-même ou les autres.

Mon humeur générale :
☆☆☆☆☆☆☆☆☆☆

Ce qui m'a donné le sourire aujourd'hui :

★ ....
★ ....
★ ....

J'ai hâte d'être à demain pour :

....

Date : ....

Je suis reconnaissant(e) pour :

★ ....
★ ....
★ ....

Mon affirmation positive :

....

Ce qui fera d'aujourd'hui une belle journée :

....

> **Mantra du jour :**
> Mes pensées ne me contrôlent pas, je contrôle mes pensées.

Mon humeur générale :
☆ ☆ ☆ ☆ ☆ ☆ ☆ ☆ ☆ ☆

Ce qui m'a donné le sourire aujourd'hui :

★ ....
★ ....
★ ....

J'ai hâte d'être à demain pour :

....

Date : ....

Je suis reconnaissant(e) pour :

★ ....
★ ....
★ ....

Mon affirmation positive :
....

Ce qui fera d'aujourd'hui une belle journée :
....

> **Mantra du jour :**
> J'ai le pouvoir de créer le changement.

Mon humeur générale :
☆ ☆ ☆ ☆ ☆ ☆ ☆ ☆ ☆ ☆

Ce qui m'a donné le sourire aujourd'hui :

★ ....
★ ....
★ ....

J'ai hâte d'être à demain pour :
....

Date : ....

Je suis reconnaissant(e) pour :

★ ....
★ ....
★ ....

Mon affirmation positive :

....

Ce qui fera d'aujourd'hui une belle journée :

....

> **Défi du jour :**
> Pratiquer une activité physique.

Mon humeur générale :
☆☆☆☆☆☆☆☆☆☆

Ce qui m'a donné le sourire aujourd'hui :

★ ....
★ ....
★ ....

J'ai hâte d'être à demain pour :

....

Date : ....

Je suis reconnaissant(e) pour :

★ ....
★ ....
★ ....

Mon affirmation positive :

....

Ce qui fera d'aujourd'hui une belle journée :

....

> Mantra du jour :
> Je me sens beau/belle, je suis beau/belle.

Mon humeur générale :
☆ ☆ ☆ ☆ ☆ ☆ ☆ ☆ ☆ ☆

Ce qui m'a donné le sourire aujourd'hui :

★ ....
★ ....
★ ....

J'ai hâte d'être à demain pour :

....

Date : ....

Je suis reconnaissant(e) pour :

★ ....
★ ....
★ ....

Mon affirmation positive :
....

Ce qui fera d'aujourd'hui une belle journée :
....

> **Mantra du jour :**
> **Ma vie ne fait que commencer.**

Mon humeur générale :
☆ ☆ ☆ ☆ ☆ ☆ ☆ ☆ ☆ ☆

Ce qui m'a donné le sourire aujourd'hui :

★ ....
★ ....
★ ....

J'ai hâte d'être à demain pour :
....

Date : ....

Je suis reconnaissant(e) pour :

★ ....
★ ....
★ ....

Mon affirmation positive :

....

Ce qui fera d'aujourd'hui une belle journée :

....

> **Défi du jour :**
> *Se faire des compliments devant le miroir.*

Mon humeur générale :
☆ ☆ ☆ ☆ ☆ ☆ ☆ ☆ ☆ ☆

Ce qui m'a donné le sourire aujourd'hui :

★ ....
★ ....
★ ....

J'ai hâte d'être à demain pour :

....

Date : ....

Je suis reconnaissant(e) pour :

★ ....
★ ....
★ ....

Mon affirmation positive :

....

Ce qui fera d'aujourd'hui une belle journée :

....

> Citation du jour :
> Soyez heureux, agissez dans le bonheur, sentez-vous heureux, sans aucune raison. Socrate

Mon humeur générale :
☆☆☆☆☆☆☆☆☆☆

Ce qui m'a donné le sourire aujourd'hui :

★ ....
★ ....
★ ....

J'ai hâte d'être à demain pour :

....

Date : ....

Je suis reconnaissant(e) pour :
★ ....
★ ....
★ ....

Mon affirmation positive :
....

Ce qui fera d'aujourd'hui une belle journée :
....

> Mantra du jour :
> JE SUIS intelligent(e), courageux(se) et attentionné(e).

Mon humeur générale :
☆ ☆ ☆ ☆ ☆ ☆ ☆ ☆ ☆ ☆

Ce qui m'a donné le sourire aujourd'hui :
★ ....
★ ....
★ ....

J'ai hâte d'être à demain pour :
....

Date : ....

Je suis reconnaissant(e) pour :

★ ....
★ ....
★ ....

Mon affirmation positive :
....

Ce qui fera d'aujourd'hui une belle journée :
....

> Citation du jour :
> J'ai décidé d'être heureux parce que c'est bon pour la santé. Voltaire

Mon humeur générale :
☆☆☆☆☆☆☆☆☆☆

Ce qui m'a donné le sourire aujourd'hui :

★ ....
★ ....
★ ....

J'ai hâte d'être à demain pour :
....

Date : ....

Je suis reconnaissant(e) pour :

★ ....
★ ....
★ ....

Mon affirmation positive :

....

Ce qui fera d'aujourd'hui une belle journée :

....

> Mantra du jour :
> Je n'ai pas besoin d'être parfait(e), j'ai besoin d'être moi-même.

Mon humeur générale :
☆☆☆☆☆☆☆☆☆☆

Ce qui m'a donné le sourire aujourd'hui :

★ ....
★ ....
★ ....

J'ai hâte d'être à demain pour :

....

Date : ....

Je suis reconnaissant(e) pour :

★ ....
★ ....
★ ....

Mon affirmation positive :

....

Ce qui fera d'aujourd'hui une belle journée :

....

> **Mantra du jour :**
> J'ai confiance en moi et en mes décisions.

Mon humeur générale :
☆ ☆ ☆ ☆ ☆ ☆ ☆ ☆ ☆ ☆

Ce qui m'a donné le sourire aujourd'hui :

★ ....
★ ....
★ ....

J'ai hâte d'être à demain pour :

....

Date : ....

Je suis reconnaissant(e) pour :

★ ....
★ ....
★ ....

Mon affirmation positive :

....

Ce qui fera d'aujourd'hui une belle journée :

....

> **Mantra du jour :**
> **JE SUIS aimé(e) et soutenu(e).**

Mon humeur générale :
☆ ☆ ☆ ☆ ☆ ☆ ☆ ☆ ☆ ☆

Ce qui m'a donné le sourire aujourd'hui :

★ ....
★ ....
★ ....

J'ai hâte d'être à demain pour :

....

Date : ....

Je suis reconnaissant(e) pour :

★ ....
★ ....
★ ....

Mon affirmation positive :
....

Ce qui fera d'aujourd'hui une belle journée :
....

> **Défi du jour :**
> Commencer à lire un nouveau livre.

Mon humeur générale :
☆ ☆ ☆ ☆ ☆ ☆ ☆ ☆ ☆ ☆

Ce qui m'a donné le sourire aujourd'hui :

★ ....
★ ....
★ ....

J'ai hâte d'être à demain pour :
....

Date : ....

Je suis reconnaissant(e) pour :

★ ....
★ ....
★ ....

Mon affirmation positive :

....

Ce qui fera d'aujourd'hui une belle journée :

....

> Mantra du jour :
> JE SUIS chanceux(se), heureux(se) et en bonne santé.

Mon humeur générale :
☆ ☆ ☆ ☆ ☆ ☆ ☆ ☆ ☆ ☆

Ce qui m'a donné le sourire aujourd'hui :

★ ....
★ ....
★ ....

J'ai hâte d'être à demain pour :

....

Date : ....

Je suis reconnaissant(e) pour :

★ ....
★ ....
★ ....

Mon affirmation positive :

....

Ce qui fera d'aujourd'hui une belle journée :

....

> **Mantra du jour :**
> JE SUIS patient(e) avec moi-même et patient(e) avec les autres..

Mon humeur générale :
☆☆☆☆☆☆☆☆☆☆

Ce qui m'a donné le sourire aujourd'hui :

★ ....
★ ....
★ ....

J'ai hâte d'être à demain pour :

....

Date : ....

Je suis reconnaissant(e) pour :

★ ....
★ ....
★ ....

Mon affirmation positive :
....

Ce qui fera d'aujourd'hui une belle journée :
....

> **Défi du jour :**
> Se couper des réseaux sociaux.

Mon humeur générale :
☆ ☆ ☆ ☆ ☆ ☆ ☆ ☆ ☆ ☆

Ce qui m'a donné le sourire aujourd'hui :

★ ....
★ ....
★ ....

J'ai hâte d'être à demain pour :
....

Date : ....

Je suis reconnaissant(e) pour :

★ ....
★ ....
★ ....

Mon affirmation positive :

....

Ce qui fera d'aujourd'hui une belle journée :

....

> Mantra du jour :
> Je suis fort(e). Tant mentalement que physiquement.

Mon humeur générale :
☆☆☆☆☆☆☆☆☆☆

Ce qui m'a donné le sourire aujourd'hui :

★ ....
★ ....
★ ....

J'ai hâte d'être à demain pour :

....

Date : ....

Je suis reconnaissant(e) pour :

★ ....
★ ....
★ ....

Mon affirmation positive :

....

Ce qui fera d'aujourd'hui une belle journée :

....

> Mantra du jour :
> Je ne cherche pas à faire plaisir à tout le monde,
> je fais ce que je pense être bien et juste.

Mon humeur générale :
☆ ☆ ☆ ☆ ☆ ☆ ☆ ☆ ☆ ☆

Ce qui m'a donné le sourire aujourd'hui :

★ ....
★ ....
★ ....

J'ai hâte d'être à demain pour :

....

Date : ....

Je suis reconnaissant(e) pour :

★ ....
★ ....
★ ....

Mon affirmation positive :

....

Ce qui fera d'aujourd'hui une belle journée :

....

> Mantra du jour :
> Je fais de mon mieux à chaque instant.

Mon humeur générale :
☆☆☆☆☆☆☆☆☆☆

Ce qui m'a donné le sourire aujourd'hui :

★ ....
★ ....
★ ....

J'ai hâte d'être à demain pour :

....

Date : ....

Je suis reconnaissant(e) pour :

★ ....
★ ....
★ ....

Mon affirmation positive :

....

Ce qui fera d'aujourd'hui une belle journée :

....

> **Mantra du jour :**
> Je suis la personne qui décide de tout ce que je fais et j'ai toujours le choix.

Mon humeur générale :
☆☆☆☆☆☆☆☆☆☆

Ce qui m'a donné le sourire aujourd'hui :

★ ....
★ ....
★ ....

J'ai hâte d'être à demain pour :

....

Date : ....

Je suis reconnaissant(e) pour :

★ ....
★ ....
★ ....

Mon affirmation positive :

....

Ce qui fera d'aujourd'hui une belle journée :

....

> Mantra du jour :
> Je donne le meilleur de moi-même et je suis comme je suis.

Mon humeur générale :
☆ ☆ ☆ ☆ ☆ ☆ ☆ ☆ ☆ ☆

Ce qui m'a donné le sourire aujourd'hui :

★ ....
★ ....
★ ....

J'ai hâte d'être à demain pour :

....

Date : ....

Je suis reconnaissant(e) pour :

★ ....
★ ....
★ ....

Mon affirmation positive :

....

Ce qui fera d'aujourd'hui une belle journée :

....

> Citation du jour :
> Il faudrait essayer d'être heureux, ne serait-ce
> que pour donner l'exemple. Jacques Prévert

Mon humeur générale :
☆ ☆ ☆ ☆ ☆ ☆ ☆ ☆ ☆ ☆

Ce qui m'a donné le sourire aujourd'hui :

★ ....
★ ....
★ ....

J'ai hâte d'être à demain pour :

....

Date : ....

Je suis reconnaissant(e) pour :

★ ....
★ ....
★ ....

Mon affirmation positive :

....

Ce qui fera d'aujourd'hui une belle journée :

....

> **Mantra du jour :**
> *Je mérite d'être heureux(se).*

Mon humeur générale :
☆ ☆ ☆ ☆ ☆ ☆ ☆ ☆ ☆ ☆

Ce qui m'a donné le sourire aujourd'hui :

★ ....
★ ....
★ ....

J'ai hâte d'être à demain pour :

....

Date : ....

Je suis reconnaissant(e) pour :

★ ....
★ ....
★ ....

Mon affirmation positive :

....

Ce qui fera d'aujourd'hui une belle journée :

....

> **Mantra du jour :**
> L'échec est une étape sur la route du succès.

Mon humeur générale :
☆ ☆ ☆ ☆ ☆ ☆ ☆ ☆ ☆ ☆

Ce qui m'a donné le sourire aujourd'hui :

★ ....
★ ....
★ ....

J'ai hâte d'être à demain pour :

....

Date : ....

Je suis reconnaissant(e) pour :

★ ....
★ ....
★ ....

Mon affirmation positive :
....

Ce qui fera d'aujourd'hui une belle journée :
....

> **Mantra du jour :**
> J'accepte ce que je ne peux pas changer afin de me concentrer sur ce que je peux changer.

Mon humeur générale :
☆ ☆ ☆ ☆ ☆ ☆ ☆ ☆ ☆ ☆

Ce qui m'a donné le sourire aujourd'hui :

★ ....
★ ....
★ ....

J'ai hâte d'être à demain pour :
....

Date : ....

Je suis reconnaissant(e) pour :

★ ....
★ ....
★ ....

Mon affirmation positive :

....

Ce qui fera d'aujourd'hui une belle journée :

....

> **Défi du jour :**
> Se coucher tôt ce soir pour dormir au moins 8h.

Mon humeur générale :
☆☆☆☆☆☆☆☆☆☆

Ce qui m'a donné le sourire aujourd'hui :

★ ....
★ ....
★ ....

J'ai hâte d'être à demain pour :

....

Date : ....

Je suis reconnaissant(e) pour :

★ ....
★ ....
★ ....

Mon affirmation positive :

....

Ce qui fera d'aujourd'hui une belle journée :

....

> **Mantra du jour :**
> Tout est expérience. J'apprends chaque jour.

Mon humeur générale :
☆ ☆ ☆ ☆ ☆ ☆ ☆ ☆ ☆ ☆

Ce qui m'a donné le sourire aujourd'hui :

★ ....
★ ....
★ ....

J'ai hâte d'être à demain pour :

....

Date : ....

Je suis reconnaissant(e) pour :

★ ....
★ ....
★ ....

Mon affirmation positive :

....

Ce qui fera d'aujourd'hui une belle journée :

....

> Mantra du jour :
> J'ai confiance en moi et en mes décisions.

Mon humeur générale :
☆ ☆ ☆ ☆ ☆ ☆ ☆ ☆ ☆ ☆

Ce qui m'a donné le sourire aujourd'hui :

★ ....
★ ....
★ ....

J'ai hâte d'être à demain pour :

....

Date : ....

Je suis reconnaissant(e) pour :

★ ....
★ ....
★ ....

Mon affirmation positive :
....

Ce qui fera d'aujourd'hui une belle journée :
....

> Citation du jour :
> Le bonheur est quelque chose qui se multiplie quand il se divise. Paulo Coelho

Mon humeur générale :
☆☆☆☆☆☆☆☆☆☆

Ce qui m'a donné le sourire aujourd'hui :

★ ....
★ ....
★ ....

J'ai hâte d'être à demain pour :
....

Date : ....

Je suis reconnaissant(e) pour :

★ ....
★ ....
★ ....

Mon affirmation positive :

....

Ce qui fera d'aujourd'hui une belle journée :

....

> Défi du jour :
> Dire "non" à quelqu'un.

Mon humeur générale :
☆ ☆ ☆ ☆ ☆ ☆ ☆ ☆ ☆ ☆

Ce qui m'a donné le sourire aujourd'hui :

★ ....
★ ....
★ ....

J'ai hâte d'être à demain pour :

....

Date : ....

Je suis reconnaissant(e) pour :

★ ....
★ ....
★ ....

Mon affirmation positive :
....

Ce qui fera d'aujourd'hui une belle journée :
....

> **Mantra du jour :**
> Ma situation actuelle n'est pas ma destination finale.

Mon humeur générale :
☆ ☆ ☆ ☆ ☆ ☆ ☆ ☆ ☆ ☆

Ce qui m'a donné le sourire aujourd'hui :

★ ....
★ ....
★ ....

J'ai hâte d'être à demain pour :
....

Expression libre

Date : ....

Je suis reconnaissant(e) pour :

★ ....
★ ....
★ ....

Mon affirmation positive :
....

Ce qui fera d'aujourd'hui une belle journée :
....

> **Mantra du jour :**
> Je suis force, je suis détermination.

Mon humeur générale :
☆ ☆ ☆ ☆ ☆ ☆ ☆ ☆ ☆ ☆

Ce qui m'a donné le sourire aujourd'hui :

★ ....
★ ....
★ ....

J'ai hâte d'être à demain pour :
....

Date : ....

Je suis reconnaissant(e) pour :

★ ....
★ ....
★ ....

Mon affirmation positive :
....

Ce qui fera d'aujourd'hui une belle journée :
....

> Défi du jour :
> Cuisiner un nouveau plat.

Mon humeur générale :
☆ ☆ ☆ ☆ ☆ ☆ ☆ ☆ ☆ ☆

Ce qui m'a donné le sourire aujourd'hui :

★ ....
★ ....
★ ....

J'ai hâte d'être à demain pour :
....

Date : ....

Je suis reconnaissant(e) pour :

★ ....

★ ....

★ ....

Mon affirmation positive :

....

Ce qui fera d'aujourd'hui une belle journée :

....

> Mantra du jour :
> L'important est ce que je pense de moi-même,
> pas ce que les autres pensent de moi.

Mon humeur générale :
☆☆☆☆☆☆☆☆☆☆

Ce qui m'a donné le sourire aujourd'hui :

★ ....

★ ....

★ ....

J'ai hâte d'être à demain pour :

....

Date : ....

Je suis reconnaissant(e) pour :

★ ....
★ ....
★ ....

Mon affirmation positive :

....

Ce qui fera d'aujourd'hui une belle journée :

....

> **Mantra du jour :**
> Rien ne peut me résister, je peux tout réussir.

Mon humeur générale :
☆ ☆ ☆ ☆ ☆ ☆ ☆ ☆ ☆ ☆

Ce qui m'a donné le sourire aujourd'hui :

★ ....
★ ....
★ ....

J'ai hâte d'être à demain pour :

....

Date : ....

Je suis reconnaissant(e) pour :

★ ....
★ ....
★ ....

Mon affirmation positive :
....

Ce qui fera d'aujourd'hui une belle journée :
....

> Mantra du jour :
> Je suis unique, mon parcours est unique.

Mon humeur générale :
☆ ☆ ☆ ☆ ☆ ☆ ☆ ☆ ☆ ☆

Ce qui m'a donné le sourire aujourd'hui :

★ ....
★ ....
★ ....

J'ai hâte d'être à demain pour :
....

Date : ....

Je suis reconnaissant(e) pour :

★ ....
★ ....
★ ....

Mon affirmation positive :

....

Ce qui fera d'aujourd'hui une belle journée :

....

> **Défi du jour :**
> Dire à quelqu'un qu'on l'aime.

Mon humeur générale :
☆☆☆☆☆☆☆☆☆☆

Ce qui m'a donné le sourire aujourd'hui :

★ ....
★ ....
★ ....

J'ai hâte d'être à demain pour :

....

Date : ....

Je suis reconnaissant(e) pour :

★ ....
★ ....
★ ....

Mon affirmation positive :
....

Ce qui fera d'aujourd'hui une belle journée :
....

> Mantra du jour :
> J'apprécie mon esprit, mes émotions, mon corps et mon âme.

Mon humeur générale :
☆☆☆☆☆☆☆☆☆☆

Ce qui m'a donné le sourire aujourd'hui :

★ ....
★ ....
★ ....

J'ai hâte d'être à demain pour :
....

Date : ....

Je suis reconnaissant(e) pour :

★ ....
★ ....
★ ....

Mon affirmation positive :
....

Ce qui fera d'aujourd'hui une belle journée :
....

> Citation du jour :
> Il n'y a pas de honte à préférer le bonheur. Albert Camus

Mon humeur générale :
☆ ☆ ☆ ☆ ☆ ☆ ☆ ☆ ☆ ☆

Ce qui m'a donné le sourire aujourd'hui :

★ ....
★ ....
★ ....

J'ai hâte d'être à demain pour :
....

Date : ....

Je suis reconnaissant(e) pour :

★ ....
★ ....
★ ....

Mon affirmation positive :

....

Ce qui fera d'aujourd'hui une belle journée :

....

> **Mantra du jour :**
> Toutes mes émotions sont utiles, je les accueille, je les écoute, je m'en libère.

Mon humeur générale :
☆☆☆☆☆☆☆☆☆☆

Ce qui m'a donné le sourire aujourd'hui :

★ ....
★ ....
★ ....

J'ai hâte d'être à demain pour :

....

Date : ....

Je suis reconnaissant(e) pour :

★ ....
★ ....
★ ....

Mon affirmation positive :

....

Ce qui fera d'aujourd'hui une belle journée :

....

> **Mantra du jour :**
> Je choisis d'être heureux(se). Je choisis de m'aimer.

Mon humeur générale :
☆ ☆ ☆ ☆ ☆ ☆ ☆ ☆ ☆ ☆

Ce qui m'a donné le sourire aujourd'hui :

★ ....
★ ....
★ ....

J'ai hâte d'être à demain pour :

....

Date : ....

Je suis reconnaissant(e) pour :

★ ....
★ ....
★ ....

Mon affirmation positive :

....

Ce qui fera d'aujourd'hui une belle journée :

....

> Citation du jour :
> Le bonheur, c'est d'être heureux, ce n'est pas de faire croire aux autres qu'on l'est. Jules Renard

Mon humeur générale :
☆☆☆☆☆☆☆☆☆☆

Ce qui m'a donné le sourire aujourd'hui :

★ ....
★ ....
★ ....

J'ai hâte d'être à demain pour :

....

Date : ....

Je suis reconnaissant(e) pour :

★ ....
★ ....
★ ....

Mon affirmation positive :

....

Ce qui fera d'aujourd'hui une belle journée :

....

> Mantra du jour :
> Je vise le progrès, pas la perfection.

Mon humeur générale :
☆☆☆☆☆☆☆☆☆☆

Ce qui m'a donné le sourire aujourd'hui :

★ ....
★ ....
★ ....

J'ai hâte d'être à demain pour :

....

Date : ....

Je suis reconnaissant(e) pour :

★ ....
★ ....
★ ....

Mon affirmation positive :

....

Ce qui fera d'aujourd'hui une belle journée :

....

> **Défi du jour :**
> Citer devant le miroir ses 3 plus grandes qualités.

Mon humeur générale :
☆☆☆☆☆☆☆☆☆☆

Ce qui m'a donné le sourire aujourd'hui :

★ ....
★ ....
★ ....

J'ai hâte d'être à demain pour :

....

Date : ....

Je suis reconnaissant(e) pour :

★ ....
★ ....
★ ....

Mon affirmation positive :

....

Ce qui fera d'aujourd'hui une belle journée :

....

> Mantra du jour :
> Je lâche prise et j'accepte ce que je ne peux pas contrôler.

Mon humeur générale :
☆ ☆ ☆ ☆ ☆ ☆ ☆ ☆ ☆ ☆

Ce qui m'a donné le sourire aujourd'hui :

★ ....
★ ....
★ ....

J'ai hâte d'être à demain pour :

....

Date : ....

Je suis reconnaissant(e) pour :

★ ....
★ ....
★ ....

Mon affirmation positive :

....

Ce qui fera d'aujourd'hui une belle journée :

....

> Mantra du jour :
> Je place le bonheur au-dessus de tout.

Mon humeur générale :
☆ ☆ ☆ ☆ ☆ ☆ ☆ ☆ ☆ ☆

Ce qui m'a donné le sourire aujourd'hui :

★ ....
★ ....
★ ....

J'ai hâte d'être à demain pour :

....

Date : ....

Je suis reconnaissant(e) pour :

★ ....
★ ....
★ ....

Mon affirmation positive :

....

Ce qui fera d'aujourd'hui une belle journée :

....

> Citation du jour :
> Être libre signifie, avant tout, être responsable
> vis-à-vis de soi-même. Mircea Eliade

Mon humeur générale :
☆ ☆ ☆ ☆ ☆ ☆ ☆ ☆ ☆ ☆

Ce qui m'a donné le sourire aujourd'hui :

★ ....
★ ....
★ ....

J'ai hâte d'être à demain pour :

....

Date : ....

Je suis reconnaissant(e) pour :

★ ....
★ ....
★ ....

Mon affirmation positive :
....

Ce qui fera d'aujourd'hui une belle journée :
....

> **Mantra du jour :**
> **J'ai déjà réussi, je réussirai encore.**

Mon humeur générale :
☆ ☆ ☆ ☆ ☆ ☆ ☆ ☆ ☆ ☆

Ce qui m'a donné le sourire aujourd'hui :

★ ....
★ ....
★ ....

J'ai hâte d'être à demain pour :
....

Date : ....

Je suis reconnaissant(e) pour :

★ ....
★ ....
★ ....

Mon affirmation positive :

....

Ce qui fera d'aujourd'hui une belle journée :

....

> **Citation du jour :**
> *Fais de ta vie un rêve, et d'un rêve, une réalité.* Antoine de Saint-Exupéry

Mon humeur générale :
☆ ☆ ☆ ☆ ☆ ☆ ☆ ☆ ☆ ☆

Ce qui m'a donné le sourire aujourd'hui :

★ ....
★ ....
★ ....

J'ai hâte d'être à demain pour :

....

Expression libre

Consigne de gratitude envers soi-même :

Prenez quelques instants pour écrire une lettre de gratitude envers vous-même. Remémorez-vous vos accomplissements, vos qualités et les moments où vous avez fait preuve de courage et de résilience. Exprimez-vous des remerciements chaleureux pour votre force intérieure et votre capacité à grandir malgré les défis.

Expression libre

Expression libre

Expression libre

Expression libre

Consigne de gratitude pour les personnes spéciales de votre vie :

Prenez le temps de penser aux personnes spéciales qui enrichissent votre existence. Choisissez une personne et décrivez pourquoi vous êtes reconnaissant(e) de l'avoir dans votre vie.

Expression libre

Expression libre

Expression libre

Les pages de célébration des 90 jours de gratitude :

Chère lectrice, cher lecteur,

Félicitations pour cette extraordinaire aventure de gratitude que vous avez parcourue au fil des 90 jours avec ce journal ! Utilisez maintenant ces dernières pages pour vous immerger dans une profonde réflexion et célébrer le chemin parcouru.

Sur ces pages sacrées, laissez libre cours à votre cœur et à votre plume, car vous êtes sur le point de témoigner du pouvoir transformateur de la gratitude dans votre vie. Prenez conscience de la métamorphose intérieure que vous avez traversée et de l'épanouissement qui émane de votre être.

Exprimez vos victoires, vos découvertes et vos moments d'émerveillement. Remémorez-vous les instants précieux de votre parcours où vous avez ouvert votre cœur à la reconnaissance sincère. Célébrez vos triomphes sur les défis et la lumière que vous avez trouvée dans les moments les plus sombres.

Voyez à quel point chaque pensée de gratitude, chaque mot empreint d'amour et chaque acte de reconnaissance ont tissé une toile de bien-être et d'harmonie autour de vous.

Resplendissez de fierté pour avoir cultivé cette attitude de gratitude qui continue de transformer votre réalité.

Prenez le temps de vous imprégner de la gratitude que vous avez semée, car elle continuera de fleurir et de répandre sa magie bien au-delà de ces 90 jours. Vous avez ouvert les portes de l'abondance, et votre cœur vibrant de gratitude est désormais un aimant puissant pour attirer les bénédictions et les moments de joie dans votre vie.

Sachez que ces pages sont une célébration de votre essence, une reconnaissance de votre capacité à créer le bonheur dans chaque instant. Vous êtes devenu l'architecte de votre propre bonheur, et votre journal de gratitude est l'œuvre majestueuse qui témoigne de cette transformation.

Que ces pages deviennent une source d'inspiration intarissable pour les jours à venir. Revenez-y chaque fois que vous ressentirez le besoin de vous rappeler à quel point vous êtes béni(e), à quel point votre vie est riche de sens et à quel point vous êtes capable de cultiver une gratitude inébranlable.

Merci d'avoir partagé ce voyage avec ce journal de gratitude. Puissent ces 90 jours n'être que le commencement d'une vie remplie de reconnaissance, de bonheur et d'amour. Continuez à célébrer chaque instant avec gratitude, car vous êtes le héros de cette histoire de bienveillance et de transformation.

Avec toute ma bienveillance et mon admiration,

Virginie Fratelli

Expression libre

Expression libre

Expression libre

Un pas de plus vers vos rêves :
Le Journal de Manifestation 369

Votre pratique de la gratitude a déjà ouvert la voie à une énergie positive et alignée.

Pourquoi ne pas aller encore plus loin en activant la Loi de l'Attraction ?

La Loi de l'Attraction repose sur un principe simple mais puissant : ce sur quoi vous concentrez votre attention et votre énergie se manifeste dans votre réalité. En alignant vos pensées, émotions et actions, vous attirez ce que vous désirez profondément.

Le Journal de Manifestation 369 s'appuie sur cette loi universelle et sur une méthode inspirée par Nikola Tesla, pour qui les chiffres 3, 6 et 9 représentaient les clés de l'énergie et de la création. Ce journal unique combine une méthode éprouvée et une approche pratique pour vous guider pas à pas vers vos rêves.

Scannez le QR code ci-dessous et faites aujourd'hui le premier pas pour enfin réaliser vos désirs les plus profonds!

Pour vous récompenser de votre engagement sur le chemin de la gratitude, de la positivité, du bonheur, de la confiance en soi et de la détente :

J'ai le privilège de vous offrir une surprise en signe de gratitude !

Scannez simplement le QR code ci-dessous pour découvrir ce que je vous ai réservé.